Yf 73.50

JEANNOT ET COLIN,

COMÉDIE

EN TROIS ACTES

ET EN PROSE.

JEANNOT ET COLIN,

COMÉDIE

EN TROIS ACTES

ET EN PROSE;

Repréſentée , pour la premiere fois , par les Comédiens Italiens ordinaires du Roi , le Mardi 14 Novembre 1780.

Le prix eſt de 24 ſols.

A PARIS,

Chez la Veuve Duchesne, Libraire, rue Saint-Jacques, au Temple du Goût.

M. DCC. LXXX.

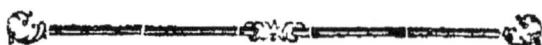

A MADAME

DU VIVIER,

NIECE DE M. DE VOLTAIRE.

MADAME,

Je vous dois l'hommage de cette Comédie
à plus d'un titre : j'en ai pris le sujet dans
M. de Voltaire, & vous avez bien voulu

ÉPITRE

m'aider de vos conseils. Pardonnez si je n'en
ai pas mieux profité ; ce n'est pas faute d'en
avoir senti le prix. Je sais qu'un grand
Homme, qui n'en recevait que de son génie, ne les dédaignait pas. Je me conso-
lerai de n'avoir point de génie, tant que
votre amitié m'en tiendra lieu.

Vous savez mieux que moi, MADAME,
que l'on pouvait tirer un plus grand parti
de ce Conte charmant, où M. de VOLTAIRE
a peint avec des couleurs si vraies, la
sotise des Parvenus, & la bassesse de
leurs Flatteurs. En admirant son tableau,
j'ai senti qu'il était au-dessus de mes for-
ces, & peut-être de mon âge, de le porter
sur la Scène ; mais l'amour, l'amitié sont
de mon âge, &, j'ose dire, de mon cœur :
je ne me suis attaché qu'à peindre ces deux

DÉDICATOIRE.

sentimens ; heureusement pour moi , votre goût a dirigé ma sensibilité.

Tout faible qu'il est , j'ose vous offrir mon premier Ouvrage ; il a , du moins , le mérite d'avoir été créé par cet Homme immortel , que je vous ai vûe si souvent pleurer. Souvenez-vous qu'il daigna m'aimer ; souvenez-vous encore que vous m'avez donné la main pour soutenir mes premiers pas. Vous avez contracté l'obligation de toujours m'instruire , comme moi celle de toujours vous chérir.

Je suis avec respect ,

MADAME,

Votre très-humble & très-obéissant serviteur ,

F.....

ACTEURS.

JEANNOT, Marquis,   *M. Michu.*

COLIN,   *M. Clairval.*

COLETTE, Sœur de Colin,   *Mlle Pitrot.*

LA MERE DE JEANNOT, Marquise, *Mme Gonthier.*

LA COMTESSE D'ORVILLE,   *Mme Julien.*

DURVAL, Gouverneur du Marquis, *M. Rosiere.*

L'EPINE, Valet du Marquis,   *M. Valleroi.*

Un MAÎTRE-D'HÔTEL,   *M. Corali.*

La Scène est à Paris , dans le Sallon de la Marquise.

JEANNOT ET COLIN,

COMÉDIE.

ACTE PREMIER.

SCÈNE PREMIERE.

COLIN, COLETTE, L'ÉPINE.

L'ÉPINE.

IL est à peine jour chez Madame la Marquise :
attendez dans ce sallon ; je vous avertirai lorsque
vous pourrez voir Madame.

COLIN.

Vous voudrez bien lui dire que ce sont deux
Personnes pour qui elle avoit de l'amitié, dans le
tems qu'elle demeurait en Auvergne. Si elle vous

A

demande leurs noms, vous direz que c'eſt Colin
& Colette ; elle s'en ſouviendra ſûrement.

L'ÉPINE.

Monſieur Colin & Mademoiſelle Colette
qu'elle a connus en Auvergne ; cela ſuffit.

(*Il ſort.*)

SCÈNE II.

COLIN, COLETTE.

COLETTE.

Comme tout ceci eſt magnifique ! Jeannot ne
nous reconnaîtra plus ; il eſt devenu trop riche
pour ſe ſouvenir de ceux qui l'ont vu pauvre.

COLIN.

Il ſerait donc bien changé, ma Sœur ; il était
ſi bon, ſi ſenſible, lorſque nous habitions en-
ſemble notre petite Ville. A peine y a-t-il un an
qu'il nous a quittés ; il faut plus d'un an pour
corrompre un cœur honnête.

COLETTE.

L'amour aurait dû préſerver le ſien : mais il ne
m'aime plus, j'en ſuis ſûre. Te ſouviens-tu de
la maniere dont il me quitta, lorſque ſa mere

l'envoya chercher en Auvergne ? Comme il fut
enivré de fa nouvelle fortune , & d'entendre fes
domeftiques l'appeller Monfieur le Marquis ! Il
nous dit adieu prefque fans pleurer ; il monta
dans fa brillante voiture fans retourner la tête vers
moi , que tu foutenais à peine , & dont les yeux
le fuivirent.... même quand je ne le vis plus.
Mon frere , il a oublié la malheureufe Colette ;
il ne penfe plus aux fermens quenous nous fommes
faits de n'être jamais que l'un à l'autre ; ferment
qu'il a écrit , que je conferve , & que je lui rendrai : ces écritures-là perdent tout leur prix quand
on ne les lit plus enfemble.

SCENE III.

COLIN, COLETTE, L'ÉPINE.

L'ÉPINE.

Madame la Marquife s'habille ; elle vous fait
dire que fi vous voulez la voir , vous preniez la
peine d'attendre.

COLIN.

Nous attendrons. Monfieur le Marquis fon fils
eft-il chez lui ?

L'EPINE.

Non , il eft forti de grand matin.

C O L I N.

A quelle heure pourrions-nous le voir ?

L' É P I N E.

Il n'eft pas habillé ; ainfi revenez à une heure ; vous pourrez peut-être lui parler.

C O L I N.

Nous reviendrons fûrement.

C O L E T T E.

Monfieur , c'eft un bien grand Seigneur , que Monfieur le Marquis ?

L' É P I N E.

Sûrement , Mademoifelle ; c'eft mon Maître. Sans vanité , c'eft l'homme le plus aimable de Paris ; toutes les jolies Femmes fe le difputent : je ne doute pas qu'un de ces jours il ne faffe un très grand mariage.

C O L I N.

Vous voudrez bien nous avertir , lorfque nous pourrons voir Madame.

L' É P I N E.

Oui , oui , foyez tranquile.

(*Il fort.*)

SCÈNE IV.

COLIN, COLETTE.

COLIN.

Du courage, ma Sœur : tu as voulu me suivre à Paris pour t'assurer par toi-même de l'infidélité de Jeannot. Nous allons le voir, nous allons le juger ; s'il a cessé de t'aimer, ton mépris pour lui doit te rendre à toi-même & à la raison.

COLETTE.

Ah ! mon frere, si vous saviez combien il en coûte pour méprifer celui qu'on aime !

COLIN.

Il m'en coûterait autant qu'à toi ; mon amitié pour Jeannot est aussi vive que ton amour. Je ne me dissimule pas ses torts : depuis six mois, ses lettres sont devenues plus rares & moins tendres ; mais il est bien jeune ; il a été transporté tout d'un coup d'une vie simple & paisible, dans le tourbillon du monde & de ses plaisirs ; il peut s'être laissé enivrer malgré lui ; ne le jugeons pas sans l'avoir vu. Plus nous l'aimons, plus nous avons besoin de preuves pour cesser de l'estimer.

COLETTE.

Il est vrai qu'il sera toujours assez tems de le hair.

COLIN.

Sa mere m'inquiéte plus que lui; elle ignore les engagemens de son fils avec toi, & l'on dit que son immense fortune lui a donné un orgueil insupportable.

COLETTE.

Mais comprends-tu cette fortune acquise en si peu de tems ? A peine y a-t-il quatre ans que la mere de Jeannot habitait notre petite Ville. Elle était alors une simple bourgeoise bien moins riche que nous; mon pere ne trouvait pas son fils un assez bon parti pour moi. Madame la Marquise n'était pas marquise alors ; quand nous allions la voir, elle ne nous faisait pas attendre.

COLIN.

Que veux-tu ? Colette, elle a fait fortune : il n'y a rien à répondre à ce mot-là.

COLETTE.

Explique-moi ce que c'est que faire fortune : Comment des gens qui n'ont rien parviennent-ils à avoir quelque chose ? Ils prennent donc à ceux qui en ont ?

COLIN.

Pas toujours. Ce matin, j'ai vu quelqu'un de notre Ville établi ici depuis long-tems ; il m'a raconté comment la mere de Jeannot avoit acquis ses richesses. Tu te souviens qu'elle fut obligée de

venir à Paris pour des affaires ; elle y trouva un de
fes parens immenfément riche qui la prit en amitié, & la fit jouir de fa fortune : ce parent eft
mort, il y a fix mois , & lui a laiffé tout fon bien.

COLETTE.

Ce parent avoit bien affaire de lui laiffer fon
bien ; il eft caufe que j'ai perdu le mien.

COLIN.

La voici.

SCENE V.

COLIN, COLETTE, LA MARQUISE.

LA MARQUISE.

EH! bon jour, mes enfans ; je ne m'attendais
guere à votre vifite. Par quel hafard êtes-vous à
Paris ?

COLIN.

Les affaires de mon commerce m'y ont appellé ,
Madame ; ma Sœur a voulu être du voyage. Nous
fommes ici pour bien peu de tems ; mais nous
n'en partirons point fans avoir vu notre bon ami
Jean.... Monfieur le Marquis.

LA MARQUISE, *à part.*

Son bon ami, l'impertinent! (*haut*) Mon fils
eft forti, je crois.

A iv

C O L I N.

Oui, Madame, on nous l'a dit; nous ne sommes pas fâchés que notre première visite soit pour vous toute seule.

LA MARQUISE.

Comment, Colin, tu me fais des complimens! Mais dis-moi ce que tu viens faire ici : je m'en doute, tu as compté sur ma protection; si je le peux, je te rendrai service : & ton vieux pere, comment se porte-t-il ?

COLIN.

J'ai eu le malheur de le perdre, Madame; je suis à présent à la tête de sa manufacture; & mes affaires vont assez bien pour que je ne sois venu chercher chez-vous que le plaisir de vous voir.

LA MARQUISE.

Tant mieux pour toi, mon enfant. Ta Sœur à l'air bien triste; Paris ne la réjouit pas ?

COLETTE.

Non, Madame : j'espére le quitter bientôt.

LA MARQUISE.

Vous ferez bien; cette Ville-ci est dangereuse à votre âge. Adieu, je ne me gêne pas avec vous, j'ai besoin d'être seule, nous causerons plus long-tems une autre fois.

(Colin & Colette la saluent ; elle leur fait un signe
de tête.)

COLIN, *à part.*

Dieu veuille que fon Fils ne lui reffemble pas !

ils fortent.

SCÈNE VI.

LA MARQUISE, *feule*

L'Importance de Monfieur Colin eft plai-
fante. . . . Holà quelqu'un.

SCÈNE VII.

LA MARQUISE, L'ÉPINE.

LA MARQUISE.

Allez favoir des nouvelles de Madame la Comteffe d'Orville, vous lui demanderez fi elle nous
fera l'honneur de venir dîner avec nous ; vous lui
direz que nous ferons feuls, pour pouvoir parler
d'affaires. Sachez auparavant fi le Gouverneur de
mon fils eft ici.

L'ÉPINE.

Le voilà, Madame.

(*Il fort.*)

SCÈNE VIII.
LA MARQUISE, DURVAL.
LA MARQUISE.

JE vous croyais forti , Monfieur Durval.

DURVAL.

Je n'ai pas voulu fuivre Monfieur le Marquis ; de peur que Madame n'eût befoin de moi pendant ce tems-là.

LA MARQUISE.

J'ai toujours befoin de vos confeils , vous le favez bien ; depuis que je vous ai confié l'éduca- tion de mon fils , je n'ai rien fait fans votre avis , heureufement pour moi.

DURVAL.

Mon zele & mon attachement m'ont tenu lieu de lumieres.

LA MARQUISE.

J'ai un grand fecret à vous confier : je vais ma- rier le Marquis. Vous favez combien je fuis liée avec la Comteffe d'Orville ; c'eft une Veuve jeune, jolie , & d'une des premieres Maifons du Royaume ; elle eft coufine du Miniftre. Madame d'Orville , par amitié pour moi & pour achever de liquider fes biens, époufe le Marquis & lui apporte pour dot la promeſſe d'un Régiment. J'ai conclu hier ce mariage ; vous ne penſez pas que mon fils y ait la moindre répugnance?

DURVAL.

Madame, je craindrais que le mot de mariage n'effrayât ſon goût trop vif pour l'indépendance & la diſſipation ; mais le plaiſir d'être Colonel l'emportera ſur tout.

LA MARQUISE.

Je l'eſpere, Monſieur Durval ; ce n'eſt pas la ſeule affaire qui m'occupe : avez-vous été chez mon Avocat?

DURVAL.

Oui, Madame, votre procès eſt ſur le point d'être jugé ; mais il m'a chargé de vous répéter que vous n'aviez rien à craindre.

LA MARQUISE.

Je ſuis tranquille : quoique ce procès ſoit important, je n'ai pas voulu en parler à Madame d'Orville, par la certitude où je ſuis de le gâgner.

DURVAL.

Vous avez bien fait ; c'eſt même lui donner une marque d'amitié , que de lui épargner des alarmes inutiles.

LA MARQUISE.

Je ſuis bien aiſe que vous penſiez comme moi.

Sans vous, Monfieur Durval, je ne ferais jamais fûre de rien. Voici mon fils, je vais lui faire part de tous mes projets.

SCÈNE IX.

LA MARQUISE, LE MARQUIS, DURVAL.

LE MARQUIS.

Bonjour, ma mere; je viens d'acheter le plus joli cabriolet du monde : s'il m'étoit refté de l'argent, j'aurais pu avoir le plus beau cheval de Paris ; mais les Barbares n'ont pas voulu me faire crédit.

LA MARQUISE.

Mon ami, j'ai à te parler d'affaires férieufes.

LE MARQUIS, (riant.)

Vous m'effrayez, ma mere.

LA MARQUISE.

Serais-tu bien-aife d'être Colonel ?

LE MARQUIS.

Colonel ! ce ferait le bonheur de ma vie. J'aurais tant de plaifir à rejoindre mon Régiment : le manège, les manœuvres, tout cela doit être charmant. On paffe l'été dans une Ville de guerre ;

l'hiver, on revient à Paris jouir des plaifirs de la
Capitale; on a l'air de fe repofer, & l'on s'eft toujours diverti.

LA MARQUISE.

Eh bien : tu connais la Comteffe d'Orville ; j'ai
arrêté ton mariage avec elle. (*Le Marquis rêve.*)
Elle fe charge de t'avoir une Compagnie de Dra-
gons dès-aujourd'hui, & la promeffe d'un Régiment
auffi-tôt que tu auras l'âge. Voilà nos conditions ;
j'ai répondu de ton aveu.

DURVAL.

Ah! quelle mere vous avez, Monfieur le Marquis!

LA MARQUISE.

A quoi penfez-vous donc, mon fils?

LE MARQUIS.

A tout ce que je vous dois, ma mere; chaque
événement heureux qui m'arrive, eft toujours un
bienfait de vous. J'aurais defiré ne pas me ma-
rier encore.....

LA MARQUISE.

Mon ami, c'eft à ce mariage que tu devras
ta fortune : le mérite n'eft rien fans protection.
D'ailleurs, ma parole eft donnée, tout eft arrangé,
& j'ai déja commandé tes habits de nôces.

SCÈNE X.

LE MARQUIS, LA MARQUISE, DURVAL, L'ÉPINE.

L'ÉPINE

Madame la Comtesse d'Orville remercie Madame ; elle aura l'honneur de venir dîner avec elle aujourd'hui.

LA MARQUISE.

C'est bon. (*L'Épine fort.*)

SCÈNE XI.

LE MARQUIS, LA MARQUISE, DURVAL.

LA MARQUISE.

C'est pour dîner avec toi, & pour causer de nos affaires : afin de n'être point dérangés, je vais faire fermer ma porte...... A propos, j'oubliais de te parler d'une visite que je viens d'avoir, & que tu auras sûrement.

LE MARQUIS.

Qui donc ?

LA MARQUISE.

Devine.

LE MARQUIS.

Comment voulez-vous que je devine ; ce ne font pas encore les Officiers du Régiment que j'aurai ?

LA MARQUISE.

Non, c'eft Colin & Colette.

LE MARQUIS (*ému.*)

Colette ?

LA MARQUISE.

Oui : Colin & Colette d'Auvergne ; cette petite Colette dont tu me parlais tant dans les commencemens de ton féjour ici.

LE MARQUIS.

Ils font à Paris ?

LA MARQUISE.

Eh oui : je les ai vus. Quel air as-tu donc ? cela t'attrifte ?

LE MARQUIS.

Non, ma mere ; vous ont-ils parlé de moi ?

LA MARQUISE..

Beaucoup : ils t'appellent leur cher ami.

DURVAL.

Oferais-je demander à Madame la Marquife, ce que c'eft que ce Colin & cette Colette ?

LA MARQUISE

Colin eft un petit Bourgeois qui venait profiter des maîtres de mon fils , lorfque nous habitions l'Auvergne. . . . . . Mais Madame d'Oiville arrivera de bonne heure, il eft tems de vous habiller , mon fils, je vous laiffe. Monfieur Durval , voulez-vous me rendre un fervice ? J'ai des papiers intéreffants que mon Procureur devait venir prendre : allez le voir , je vous en prie, vous les lui porterez. Je vous demande pardon , fi . . . .

DURVAL.

Madame , en m'employant pour vous , c'eft m'obliger à la reconnoiffance.

(*Ils fortent.*)

SCÈNE XII.

SCÈNE XII.

LE MARQUIS, *seul.*

Colette eſt ici : je vais la revoir. Colette que j'ai tant aimée.... qui m'aime encore , j'en ſuis ſûr. Et dans quel moment revient-elle ! Je ne la verrai point , je ne pourrais ſoutenir ſes reproches ; tout mon amour renaîtroit peut-être , & je ferais le plus malheureux des hommes.... Que dirait ma Mere , ma Mere à qui je dois tout..... je la ferais mourir de douleur. Non , Colette, non , je ne vous verrai point : l'émotion que votre nom ſeul m'a cauſée , me fait trop ſentir qu'il ne faut pas vous revoir.

SCÈNE XIII.

LE MARQUIS, L'ÉPINE.

L'ÉPINE.

Monsieur le Marquis veut-il s'habiller?

LE MARQUIS.

Écoute , l'Épine : as-tu vu ce jeune Homme qui eſt venu ce matin avec ſa Sœur ?

B

L' É P I N E.

Qui ? Monsieur Colin & Mademoiselle Colette?

LE MARQUIS.

Tu leur as parlé?

L' É P I N E.

Oui; Monsieur Colin m'a demandé quand il pourroit vous voir ; je lui ai dit de revenir à une heure.

LE MARQUIS.

Vous avez mal fait. S'ils reviennent, l'Épine , tu leur diras que je n'y.... Ah! que cette visite m'inquiete & m'embarrasse !

L' É P I N E.

Que faudra-t-il leur dire ?

LE MARQUIS.

C'est Colin qui m'a demandé? Elle n'a rien dit , elle ?

L' É P I N E.

Qui , sa Sœur ?

LE MARQUIS.

Eh oui.

L' É P I N E.

Oh! non; elle étoit si triste : elle m'a seulement demandé si vous étiez un grand Seigneur. Je crois,

Monfieur, que cette fille-là vient implorer votre protection pour quelque malheur qui lui eft arrivé, car en fortant elle étoit en larmes.

LE MARQUIS.

Elle étoit en larmes ?

L'ÉPINE.

Oui, cela m'a fait peine ; elle a un petit air fi doux, fi intéreffant : vous ferez bien de lui rendre fervice, Monfieur, fi vous le pouvez.

LE MARQUIS.

Ah Dieu !

L'ÉPINE.

Qu'avez-vous donc, Monfieur ? Je ne vous ai jamais vu comme vous êtes.

LE MARQUIS.

Mon pauvre l'Épine, fi tu favais combien je crains de la revoir.

L'ÉPINE.

Qui ? Mademoifelle Colette ? .... Ah ! je commence à comprendre, c'eft une vieille connaiffance que vous voudriez ne plus reconnître. Eh bien, Monfieur, rien n'eft fi aifé : quand elle reviendra, je lui dirai que vous êtes forti.

LE MARQUIS.

Non, il ferait affreux de me cacher. Je la ver-
B ij

rai, je lui parlerai; elle fentira bien qu'il m'eft impof-
fible de défobéir à ma mere. Oui, mon ami, j'ai
adoré Colette, je lui ai promis de l'époufer; mais
Colette eft une fimple bourgeoife, juge fi ma
mere confentiroit jamais.....

L'EPINE.

Madame votre Mere? Elle aimerait mieux vous
voir mourir que de vous voir déroger. Mais écou-
tez, Monfieur: je crois qu'il y aurait maniere de
s'arranger; j'ai une morale qui m'a toujours tiré de
par-tout, raifonnons: on ne rifque jamais de mal
faire en rempliffant tous fes devoirs. D'après cela,
n'époufez point Mademoifelle Colette, parce que
ce ferait manquer à ce qu'un fils doit à fa mere;
enfuite, pour réparer vos torts envers Mademoifelle Colette, faites-lui partager votre fortune,
donnez-lui une bonne maifon, en un mot....

LE MARQUIS.

Taifez-vous. Je vous chafferais tout à l'heure,
fi vous connaiffiez Colette.

L'ÉPINE.

Monfieur, je ne dis plus mot; mais quand Mademoifelle Colette viendra, que lui dirai-je?

LE MARQUIS.

Je n'en fais rien: venez m'habiller.

Fin de premier Acte.

ACTE II.

SCÈNE PREMIERE.

LE MARQUIS, *seul, sa montre à la main.*

IL eſt près d'une heure : Colette ne tardera pas. Chaque minute qui s'écoule augmente mon incertitude. L'Epine.....

SCÈNE II.

LE MARQUIS, L'ÉPINE.

L'ÉPINE (*dans la couliſſe.*)

Monsieur.

LE MARQUIS.

Et venez donc.

L'ÉPINE.

Me voilà, Monſieur.

B iij

LE MARQUIS.

Elle va venir.

L'ÉPINE.

Oui , Monfieur.

LE MARQUIS.

Je ne veux pas la voir ; je me perdrais , j'en fuis fûr.

L'EPINE.

Eh bien , Monfieur, reftez dans votre appartement ; je la recevrai moi , je m'en charge.

LE MARQUIS (à part.)

Me cacher pour ne pas la voir ! elle à qui j'ai juré tant de fois de l'aimer toute ma vie !

L'ÉPINE.

Bah ! fi l'on fe mettait fur le pied de tenir toutes ces promeffes là, qui diable pourrait y fuffire ?

LE MARQUIS à part.

Et Colin, le bon Colin qui m'aimait tant, qui m'appellait fon fiere , qui me ferra dans fes bras lorfque je le quittai..... Voilà l'indigne réception que je lui prépare !

L'EPINE.

Monfieur.....

LE MARQUIS.

Eh bien ?

L'ÉPINE.

J'entends du bruit ; fauvez-vous : les voilà ;
fauvez-vous donc.

LE MARQUIS.

Il n'eſt plus tems ; que devenir !

(*Colin & Colette paroiſſent.*)

SCÈNE III.

LE MARQUIS, COLIN, COLETTE, L'ÉPINE.

(*Colin entre le premier , Colette le ſuit les
yeux baiſſés , le Marquis va à Colin ,
ſans oſer regarder Colette.*)

LE MARQUIS,

AH ! c'eſt vous , mon cher Colin.....

COLIN.

Oui , c'eſt Colin : êtes-vous auſſi celui que nous
venons chercher?

LE MARQUIS, *les yeux baiſſés.*

Mon cœur eſt toujours le même.

COLIN.

Nous le deſirons bien : mais faites retirer ce Domeſtique ; à préſent que vous êtes grand Seigneur, nous n'oſerons plus vous aimer devant le monde.

LE MARQUIS *à l'Épine.*

Soitez.

SCÈNE IV.

LE MARQUIS, COLIN, COLETTE.

(Il ſe fait un moment de ſilence.)

LE MARQUIS, *très-embarraſſé.*

MA Mere avait oublié ce matin de s'informer de votre demeure ; j'en ai été bien fâché.

COLIN, *l'examinant.*

Puiſque nous ſçavions la vôtre, vous étiez bien ſûr de nous voir.

LE MARQUIS.

Ah ! je vous vois trop tard.

COLETTE.

Plût au ciel ne l'avoir jamais vu !

(*Il fe fait encore un filence.*)

COLIN.

Vous ne reconnaiffez pas ma Sœur ?

LE MARQUIS.

Je fuis le plus malheureux des hommes ; je dépens de ma Mere, ma fortune eft fon ouvrage ; je lui dois tout, je lui dois même le facrifice de mon bonheur : ne me haïffez pas..... Ne me méprifez pas..... Si vous faviez.....

COLIN.

Vous me faites pitié : croyez-moi , terminons un entretien pénible pour tous : vous craignez de nous reconnaître , & nous ne vous reconnaiffons plus. Adieu.

(*Ils s'en vont.*)

LE MARQUIS.

Arrêtez , je vous fupplie.

COLETTE.

Mon frere, il veut vous parler.

LE MARQUIS.

Ayez pitié de moi , Colette ; ne m'accablez pas de votre mépris : oui ; je fens bien que je l'ai

mérité ; la fortune , l'ambition m'ont aveuglé.
J'ai manqué à l'amour , à l'amitié ; j'ai defiré de
vous oublier ; j'ai voulu vous arracher de mon
cœur : je le fais , je fais que je n'ai point d'ex-
cufe ; mais je me fuis vu dans un nouveau monde , j'ai cédé au torrent qui m'entraînait , à l'af-
cendant que ma mere a fur moi : elle n'était occupée que d'éloigner tout ce qui pouvait rappeller
notre ancienne pauvreté ; elle me défendit de
penfer à vous.

COLETTE.

Lorfqu'autrefois vous étiez pauvre , & que je
l'étais moins que vous , mon pere me défendit
auffi de vous aimer ; vous favez comment je lui
obéis.

LE MARQUIS.

Ah ! croyez que votre image n'a pas quitté mon
cœur. Dès que j'ai entendu prononcer votre nom ,
tout mon amour s'eft réveillé ; votre préfence
acheve de me rendre à moi-même. En vous par-
lant , en vous regardant , je redeviens tel que
vous m'avez vu : chaque coup-d'œil que vous
jettez fur moi , me rend une vertu que
perdue ; & dès que vous ouvrez la bouche ,
cœur palpite , comme autrefois, quand vous
fâchée contre moi , & que j'attendais mon
don.

COLETTE.

Qu'ofez-vous rappeller ?

LE MARQUIS.

Nos fermens, notre amour ; cet amour fi tendre, fi vrai, qui nous enflamma dès l'enfance, fans lequel nous ne fîmes jamais un feul projet de bonheur. Souvenez-vous, Colette, de nos premieres années, fouvenez-vous que les premiers mots que nous avons prononcés ont été la promeffe de nous aimer toujours.

COLETTE.

Hélas ! qui de nous deux y a manqué ?

LE MARQUIS.

Ce ferait vous, Colette, fi vous m'abandonniez à préfent ; puifque je vous aime, puifque je vous chéris plus que jamais. Le voudriez-vous ? parlez, auriez-vous la force de me dire : Jeannot, je ne vous aime plus.

COLETTE.

Jamais je ne prononcerai ce mot-là.

LE MARQUIS *à Colin.*

Elle s'attendrit, mon ami, demande-lui pardon pour moi. (*Il fe jette dans les bras de Colin.*)

COLIN *ému.*

Ma Sœur, il vient de m'embraffer comme il m'embraffait autrefois.

LE MARQUIS.

Colette, mon Ami ; je fuis encore digne de vous : je le fens aux tranfports de mon cœur. Ah ! le don d'aimer eft un préfent que le Ciel ne fait qu'une fois. J'ai fi fouvent regretté les jours tranquiles que nous paffions enfemble ; j'ai fi bien éprouvé que le bonheur n'eft que dans l'amour & dans l'obfcurité.

COLIN.

Mon ami, il ne tient qu'à toi d'en jouir encore : reviens chez nous, tu trouveras affez de malheureux pour bien placer tes richeffes ; tu feras du bien, nous t'aimerons ; ce fera jouir à la fois du bonheur des pauvres & des riches !

LE MARQUIS.

Plût au Ciel que ma Mere t'entendît avec l'émotion que tu me caufe ! mais ma Mere n'eft occupée que d'ambition ; elle eft bien malheureufe, elle ne fonge jamais à ce qu'elle a , & toujours à ce qu'ont les autres ; j'efpere cependant la fléchir, je lui montrerai cette promeffe de mariage que nous prenions plaifir à renouveller tous les jours. Vous devez l'avoir, Colette.

COLETTE.

Je ne l'ai pas perdue : mais depuis quelque tems, je n'ofais plus la lire ; il me femblait qu'elle me difait du mal de vous.

LE MARQUIS.

Mon Frere, mon Amie, je vous jure de nouveau fur tout ce que j'aime, que je tiendrai ma parole. Je vais me jetter aux genoux de ma mere, je vois lui déclarer que j'en mourrai, fi je ne fuis pas votre époux, & que toute autre femme.....

SCÈNE V.

COLIN, COLETTE, LE MARQUIS.

LA MARQUISE.

Mon Fils, on vient d'apporter vos habits de nôces.

COLETTE.

O ciel !

LE MARQUIS.

Gardez-vous de croire...

COLETTE.

Vous me trompiez...

LE MARQUIS.

Le ciel m'eft témoin...

LA MARQUISE.

Qu'avez-vous donc, mon Fils ? & que figni-

fient tant de fecrets avec Mademoiſelle Colette ?
Ce n'eſt point la veille d'un mariage que l'on re-
çoit de pareilles viſites. Et vous, Monſieur Colin
& Mademoiſelle, vous venez obféder mon fils ; il
n'a pas le tems de s'occuper de vous ; je vous prie
de le laiſſer en repos.

C O L I N.

Oui , Madame , oui ; nous allons le laiſſer ,
ſoyez-en bien ſûre. Viens, ma Sœur, viens avec
ton Frere ; puiſſe-t-il te tenir lieu de tout.

(*Ils ſortent.*)

LE MARQUIS *court après eux.*

Non, demeurez, je vous en conjure.

C O L I N.

Vous auriez trop à rougir.

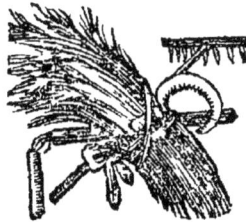

SCÈNE VI.

LE MARQUIS, LA MARQUISE.

LE MARQUIS.

MA Mere, je vous refpecte, je vous honoie;
mais vous me percez le cœur; mais vous vous
dégradez vous-même. Eh! de quel dioit ofez-
vous méprifer mes amis, mes égaux, les vôtres?
Quels font vos titres, ma Mere? Leur naiffance
vaut la mienne, & leui cœur vaut mieux que le
mien.

LA MARQUISE.

Eft-ce vous qui pailez, mon fils? Eft-ce bien
vous qui ofez?

LE MARQUIS.

Oui, ma Meie, j'ofe vous diie que vos richeffes ne font rien, & que je les abhoire, fi elles
m'ôtent le droit de difpofer de mon cœur.

LA MARQUISE.

Je t'entends; le voilà, ce myftere que je crai-
gnais de découvrir. Que vous étiez bien né pour
l'état vil d'où ma tendieffe vous a tiié! Vous en
avez toute la baffeffe: vous aimez Colette, j'en
fuis sûre, vous rougiffez de me le dire, mais......

LE MARQUIS.

Non, ma Mere, non, je n'en rougis pas. J'aime Colette, je fais gloire de l'avouer ; mon amour pour elle est presque aussi ancien dans mon cœur que ma tendresse pour vous. C'est envain que j'ai voulu l'éteindre ; grace au Ciel, le peu de vertu que j'ai, l'a emporté sur mon orgueil. J'ai promis à Colette de l'épouser, je tiendrai ma parole ; mon honneur, ma félicité en dépendent : je préfére Colette, pauvre, simple & honnête, à toutes vos femmes dont la richesse est la seule qualité.

LA MARQUISE.

Où en sommes-nous, grand Dieu! Vous, l'époux de Colette ! Vous. . . .

SCÈNE VII.

LA MARQUISE, LE MARQUIS, DURVAL.

DURVAL.

VOTRE Procureur était au Palais, Madame, & j'ai. . . .

LA MARQUISE.

Ah! Monsieur Durval, venez à mon secours ; venez entendre ce qu'il ose me dire : il veut épou-
                                                      ser

fer cette Colette dont je vous ai parlé ; il veut
faire le malheur & la honte de ma vie.

DURVAL.

Monfieur le Marquis, fongez donc à ce qu
vous êtes ; fongez....

LE MARQUIS.

Songez vous même à ne pas vous mêler des
affaires de mon cœur ; depuis que je vous connais,
il n'a jamais eu rien de commun avec vous.

LA MARQUISE.

C'en eft trop, ingrat : voilà donc le prix de
tout ce que j'ai fait ! Je n'ai vécu que pour toi.
J'ai tout facrifié pour toi, & au moment où ta
fortune allait me payer de tant de facrifices, tu
veux m'avilir, te dégrader, manquer à ta parole,
à celle que j'ai donnée à Madame d'Orville !

LE MARQUIS.

Eh ! ma Mere, dois je la tromper ? Dois-je l'é-
poufer, quand j'en aime une autre ? Elle va venir,
je veux la prendre pour juge, je veux lui déclarer
ma paffion pour Colette.

LA MARQUISE.

Cruel enfant, voici le premier chagrin que tu
me donne, il eft violent ; tu aurais du y accou-
tumer mon cœur. Ecoute-moi, daigne écouter ta
Mere, elle a peut-être le droit de te fupplier : je

C

te demande, je te conjure de ne parler de rien à
Madame d'Orville ; je t'accorderai du tems pour
te décider à l'épouser ; mais ne va pas éloigner de
moi la plus chere & la plus tendre des Amies.
Mon Fils, j'attends cette bonté de toi : *(à part.)*
si j'étois assez heureuse pour qu'elle ne vint pas....

SCÈNE VIII.

LE MARQUIS, LA MARQUISE, DURVAL, L'ÉPINE.

L'EPINE.

Madame la Comtesse d'Orville.

SCÈNE IX.

LE MARQUIS, LA MARQUISE, LA COMTESSE, DURVAL.

LA MARQUSE à *part.*

O Ciel! (*haut*) Eh! bon jour, Madame; nous commencions à craindre de ne pas vous avoir; mon Fils allait courir chez vous.

LA COMTESSE.

Comment! supposiez-vous que je manquerais à mon engagement? Je me fais pourtant gré d'arriver tard, puisque j'ai donné un peu d'inquiétude à Monsieur le Marquis.

LE MARQUIS.

Madame. . . . .

LA MARQUISE.

Vous êtes-vous promenée aujourd'hui?

LA COMTESSE.

Non, je sors de chez moi.

LA MARQUISE *à demi-voix.*

Mon Fils a paſſé ſa matinée aux Thuileries, eſpérant vous y trouver.

LE MARQUIS.

Je ſuis trop vrai.....

LA MARQUISE.

J'eſpere que nous dînerons bientôt : Monſieur Durval , voulez - vous bien dire que l'on nous ſerve.

(*Durval ſort.*)

SCÈNE X.

LE MARQUIS, LA MARQUISE, LA COMTESSE.

LA MARQUISE *à la Comteſſe.*

Vous ferez feule avec nous.

LA COMTESSE.

J'y ferai moins feule que par-tout ailleurs. Si vous ſaviez combien je ſuis laſſe de ce grand monde où l'on court toujours après le plaiſir , ſans jamais trouver le bonheur.

LE MARQUIS.

Et comment le trouver, Madame ? si l'on ne prend pas son cœur pour guide.

LA COMTESSE.

Vous avez raison, Monsieur le Marquis ; mais qu'avez-vous donc aujourd'hui ? je vous trouve l'air inquiet.

LA MARQUISE.

Pardonnez-lui : il est entiérement occupé de sa reconnaissance & du desir de vous plaire.

LA COMTESSE.

Il est un moyen sûr de plaire, c'est de savoir aimer.

LE MARQUIS.

Ah ! Madame, cela s'apprend bien vîte, & la premiere leçon ne s'oublie jamais.

LA MARQUISE *à la Comtesse.*

Voilà ce qu'il m'a dit la premiere fois qu'il vous a vue.

SCÈNE XI.

LES MÊMES, LE MAÎTRE-D'HÔTEL.

LE MAITRE-D'HOTEL.

Madame la Marquise est servie.

LA MARQUISE.

Allons nous mettre à table : ensuite j'aurai bien des choses à vous dire.

Fin du second Acte.

ACTE III.

SCÈNE PREMIERE.

LA COMTESSE DURVAL.

LA COMTESSE.

Qu'est-ce donc, Monsieur Durval, que cet Homme de Loi qui vient de demander la Marquise & son Fils ? Auroit-elle un Procès ?

DURVAL.

Non, Madame, c'est une discussion fort peu interessante, une affaire de rien : soyez sure que Madame la Marquise n'est occupée dans ce moment que du bonheur de vous avoir pour sa Fille.

LA COMTESSE.

J'espere que ce mariage fera ma félicité : cependant je suis bien mécontente du Marquis, lui que j'ai toujours vu d'une gaîté charmante, il est d'un sérieux qui me glace ; il a l'air de m'épou-

C iv

fer malgré lui : je vous affure que fans mon extrême amitié pour fa Mere, je retirerais ma parole.

DURVAL.

Il faut pardonner à fon âge une timidité que vous prenez pour de la froideur. Son refpect pour vous gêne fes fentimens ; il n'ofe pas encore vous dire qu'il vous aime, & il eft diftrait par le plaifir de le penfer.

LA COMTESSE.

J'ai bien peur, Monfieur Durval, que vous n'ayez befoin de tout votre efprit pour le défendre.

SCÈNE II.

LA COMTESSE, DURVAL, LE MARQUIS, LA MARQUISE.

LE MARQUIS.

Non, ma Mere, non ; je ne puis me taire.

LA MARQUISE.

Mais, mon Fils, arrêtez ; tout n'eft pas perdu.

LE MARQUIS.

Tout le ferait, fi j'étais affez vil pour cacher notre malheur. (*à la Comteffe.*) Madame, ma Mere avait un procès d'où dépendait toute fa fortune, il vient d'être jugé, & nous l'avons perdu.

DURVAL.

Ah Ciel !

LA COMTESSE.

Comment ! toute votre fortune ?

LE MARQUIS.

Il ne nous reste rien au monde que des dettes.

LA MARQUISE.

Le malheur n'est pas si grand qu'il vous le dit ; si vous êtes assez notre amie, pour nous obtenir l'appui de votre famille, il est impossible.....

LA COMTESSE.

Vous ne doutez sûrement pas, Madame, du vif intérêt que vous m'inspirez : mais, un procès n'est pas une affaire de faveur ; personne n'est assez puissant pour en imposer aux Loix ; d'ailleurs, à mon âge & dans ma position, je ne peux guere solliciter pour Monsieur le Marquis ; on interpréterait mal. . . .

LA MARQUISE.

L'amitié & les engagemens qui nous lient, font des titres plus que suffisans. . . .

LA COMTESSE.

Je voudrais de tout mon cœur vous être utile ; mais nos engagemens sont au moins reculez ; je ne me plaindrai point du mystere que vous m'avez fait : je vois avec douleur que je ne peux vous être bonne à rien, & que dans un moment auſſi cruel, vous avez beſoin de ſolitude. (*Elle lui fait une grande revérence & ſort.*)

SCÈNE III.

· LE MARQUIS, LA MARQUISE, DURVAL.

LA MARQUISE.

Eſt-ce bien elle ! Elle qui me jurait hier encore une éternelle amitié, qui voulait tout quitter, tout abandonner, pour vivre avec moi, pour devenir ma Fille ! Ah ! Monſieur Durval, n'en êtes vous pas indigné ?

DURVAL.

Comment, Madame, en perdant ce procès ; vous perdez toute votre fortune ?

LA MARQUISE.

Hélas ! je n'avais d'autre bien que cette ſucceſ-ſion ; je ne crains pas de vous ouvrir mon cœur, vous êtes le ſeul ami qui me reſte.

DURVAL, *à part.*

Ce procès me ruine auſſi.

LA MARQUISE.

Donnez-moi vos conſeils.

DURVAL.

Il n'y en a plus, quand on eft fans reffource :
d'ailleurs, je fuis auffi à plaindie que vous ; je ne
dois plus compter fur les promeffes que vous m'a-
vez faites ; j'ai perdu mon tems dans votre maifon.

LE MARQUIS.

Hatez-vous donc d'en fortir, Monfieur, puifque
notre foitune était le feul lien qui vous attachait
à nous.

DURVAL.

Mais. . . .

LE MARQUIS.

Ne cherchez point de vaines excufes, nous ne
valons plus la peine que vous vous déguifiez.

(Durval fort.)

SCÈNE VI.

LE MARQUIS, LA MARQUISE.

LE MARQUIS.

EH bien, ma Mere, les voilà, ces amis fur lef-
quels vous ofiez compter !

SCÈNE V.

LE MARQUIS, LA MARQUISE, L'ÉPINE.

L'ÉPINE.

Monsieur le Marquis m'excusera bien, si je prend la liberté de lui demander si ce que l'on dit est vrai.

LE MARQUIS.

Quoi ?

L'ÉPINE.

Monsieur, c'est votre procès : on assure qu'il est perdu, & que Monsieur le Marquis est ruiné.

LE MARQUIS.

Cela n'est que trop vrai; laisse nous.

L'EPINE, *à part.*

Oh ! c'est bien mon projet. (*Haut.*) Mais, Monsieur.....

LE MARQUIS.

Eh bien ?

L'ÉPINE.

Monsieur le Marquis ne gardera peut-être pas de domestique, & je sais une maison où je pour-

rais entrer ; voilà pourquoi, fi c'était un effet de
votre bonté de me mettre à la porte, en me
payant, je vous ferais fort obligé.

LE MARQUIS.

L'Épine, ce foir vous ferez payé, & libre d'al-
ler où vous voudrez ; fortez.

L'ÉPINE.

Oh ! je ne fuis pas inquiet, Monfieur; mais.....

LE MARQUIS.

Mais jufques-là je fuis votre Maître, fortez;
ne me le faites pas répéter.

L'ÉPINE *s'en allant.*

Il faut qu'il ait encore de l'argent, car il eft fier.

SCÈNE VI.

LE MARQUIS, LA MARQUISE.

LE MARQUIS.

DU courage, ma Mere : la baffeffe de ceux
que vous avez cru vos amis, doit vous confoler.
Puifqu'ils n'aimaient que vos richeffes, ce font
eux qui les ont perdues, & nous y gâgnerons le
bonheur de vivre pour nous. Cependant, ne né-
gligeons aucun des moyens qui nous reftent : vous
avez d'autres amis ; Ergafte m'a toujours paru vous
être véritablement attaché.....

LA MARQUISE.

Oui, mon Fils; j'ai été affez heureufe pour lui rendre de grands fervices, je vais mettre fa reconnaiffance à l'épreuve. (*Elle fort.*)

SCÈNE VII.

LE MARQUIS, *feul.*

Moi, je vole chez Colin; c'eft à lui que je veux tout devoir...... Mais Colette, Colette qui croit que je l'ai trompée, qui s'eft retirée fans vouloir m'entendre, ne penfera-t-elle pas que c'eft l'indigence qui me ramène à fes pieds? Ce doute eft affreux, & me retient malgré moi. Que je fuis malheureux! Je n'oferai plus lui dire que je l'aime..... O Ciel! voilà Colin; comment ofer lui parler!

SCÈNE VIII.

LE MARQUIS, COLIN *un papier* à la main

COLIN.

Vous ne comptiez plus me revoir ; raſſurez-vous, c'eſt la derniere fois : je ne viens point troubler les appiêts de votre mariage ; je ne viens point vous reprocher votre fortune & votre bonheur. J'ai voulu vous rendre moi-même cette Promeſſe que ma Sœur eut la faibleſſe d'accepter ; j'ai voulu briſer de ma main tous les liens qui nous attachaient l'un à l'autre ; vous êtes libre, & vous ſerez heureux ; je vous eſtime aſſez peu pour en être ſûr.

LE MARQUIS, *à part.*

Quel langage ! & je l'ai mérité.

COLIN.

Vous craignez de rougir en reprenant ce papier ? Vous n'avez pourtant pas rougi, lorſqu'avec un air de franchiſe & de tendreſſe, ici, à cette même place, vous nous demandiez pardon ; vous parliez à ma Sœur de mariage & d'amour, tandis que vous aviez tout conclu pour en épouſer une autre demain. Allez, l'homme capable d'une ruſe auſſi indigne, doit tirer vanité de n'être ému de rien ; oſez me regarder, c'eſt à moi de rougir.

LE MARQUIS, *après une pause.*

Oui, vous avez raison. J'ai pu vous cacher un mariage.... qui ne se ferait pas fait : il est juste que j'en sois puni. Rendez-moi cette promesse, (*Il la prend.*) c'est le seul bien qui me reste ; mais j'en suis indigne, il faut y renoncer. (*Il la déchire.*) Allez, abandonnez un malheureux qui ne mérite que votre mépris; mais hâtez-vous de l'abandonner. Si vous saviez combien il est à plaindre, peut-être.......

COLIN.

Vous, à plaindre ! & tout succede à vos vœux. Vous épousez, dit-on, une femme de qualité dont le crédit doit vous porter au comble des honneurs; vous jouissez d'une fortune immense ; votre Mere vous idolâtre; tout ce qui vous entoure n'est occupé que de vous plaire; rien ne peut altérer tant de bonheur : le seul souvenir d'un ami & d'une maîtresse que vous avez trompés, pourrait vous importuner dans vos plaisirs; mais vous n'entendiez jamais parler d'eux; & dans la classe où vous allez monter, on oublie aisément les malheureux qu'on a faits.

LE MARQUIS.

C'en est trop, Colin ; respectez mon malheur ; apprenez.......

SCÈNE IX.

SCÈNE IX.

LE MARQUIS, COLIN, COLETTE.

COLETTE *accourant.*

Ah ! mon Frere, ils ont perdu tous leurs biens ; vous l'ignorez, & j'accours pour vous empêcher d'infulter à leur infortune.

COLIN.

Comment ! ma Sœur, expliquez-vous.

COLETTE.

Leur malheur eft déja public : un procès les a dépouillés de toutes leurs richeffes ; ils font reduits à la plus affreufe indigence.

LE MARQUIS.

Oui, & je regrette peu tout ce que j'ai perdu. Mon plus grand malheur, celui qui me touche le plus, c'eft que vous me croyez coupable ; & j'ai trop d'intéiêt à vous paraître innocent, pour que j'ofe me juftifier.

COLETTE.

Vous juftifier ! Croyez-moi, épargnez vous ce foin : on ne trompe qu'une fois celle qui ne méritait pas d'être trompée ; mais vous êtes malheureux, je viens fupplier mon frere de vous fecourir. Oui, mon Frere, il n'a offenfé que moi ; il n'a

D

manqué qu'à l'amour, l'amitié doit l'ignorer. Tu ferais cent fois plus coupable que lui, fi tu l'abandonnais; car il me reſtait mon frere, & que lui reſtera-t-il? Sa maiſon eſt déjà déſerte, tout le monde le fuit; mon Frere, tu feras ſon appui, tu le tireras de l'infortune; & mon cœur te payera de tes bienfaits, en ajoutant à ma tendreſſe pour toi toute celle que j'avais pour lui.

LE MARQUIS.

Colette, vous déchirez mon cœur & vous l'enflammez: non, je ne vous ai pas trompée; dès l'inſtant où je vous ai vue, j'étais réſolu de rompre ce mariage; fi je vous l'ai caché, c'était pour ne pas paraître fi coupable; c'était pour ne pas vous affliger.

COLETTE.

Si vous aviez jamais aimé, vous fauriez que la plus affreuſe nouvelle n'afflige pas autant que le plus léger manque de confiance.

LE MARQUIS.

Eh bien, Colette, decidez de mon fort. Je fuis au comble du malheur, fans reſſouice, abandonné de tout le monde, je n'ai d'appui que vous feule; rendez-moi votre cœur, j'accepte vos bienfaits; mais fi vous ne m'eſtimez pas, fi vous ne m'aimez plus, vous avez perdu le droit de m'être utile, je ne veux rien vous devoir.

COLETTE.

Quoi! vous voulez. . . . .

LE MARQUIS.

Je veux mourir ou être aimé de vous : cette volonté ne m'est pas nouvelle.

COLETTE, *après une paufe.*

Mon frere, fi nous l'abandonnons, perfonne ne viendra le fecourir.

LE MARQUIS.

Point de pitié, Colette ; ce fentiment eft affreux, quand il fuccède à l'amour. Haiffez-moi, ou pardonnez comme vous me pardonniez autrefois.

COLETTE, *le regardant.*

Ah! que l'infortune vous va bien ! Depuis que vous êtes malheureux, vous reffemblez bien davantage à ce Jeannot que j'ai tant aimé.

LE MARQUIS.

Je n'ai jamais ceffé de l'être : mon cœur vous en répond ; il eft à vous, ce témoin-là, il ne peut vous mentir.

COLETTE.

Si j'étais bien fûre. . . .

SCÈNE DERNIERE.
LE MARQUIS, COLIN, COLETTE, LA MARQUISE.

LA MARQUISE.

Mon Fils, tout eſt perdu : je viens de chez un ingrat qui me doit tout ; il n'a pas même voulu me recevoir. Que devenir ! Il ne me reſte plus rien ſur la terre.

COLIN.

Madame, il vous reſte Colin : permettez-lui de vous aimer autant que votre Fils vous aime ; permettez-lui de vous offrir tout ce qu'il poſſéde.

LE MARQUIS.

J'en étais ſûr, Colin : oui, ma Mere, voilà votre ami, votre bienfaiteur ; c'eſt à lui que mon cœur vous confie : quant à moi, il m'eſt impoſſible de partager le bonheur que vous promet ſon amitié.

LA MARQUISE.

Qu'entends-je, mon Fils, tu veux me quitter ?

LE MARQUIS, *montrant Colette.*

Elle ne m'aime plus ; elle croit que je l'ai trompée.

LA MARQUISE.

Vous, Colette ! & c'eſt pour vous ſeule qu'il ôſait me déſobéir ; c'eſt pour vous.....

COLETTE.

N'achevez pas , c'eſt lui que je veux croire. Oui , je ſuis ſûre de ton cœur , & je ne te rends pas le mien ; vas , tu l'as toujours eu. Ta Colette eſt bien plus heureuſe que toi , puiſque c'eſt elle enfin qui fera ton bonheur.

(*Le Marquis tombe à ſes pieds , & ſe retourne vers Colin.*)

LE MARQUIS.

Et toi , es-tu mon frere ?

COLIN *l'embraſſe.*

Il y a long-tems. (*A la Marquiſe.*) Madame, nous étions deſtinés à ne faire qu'une famille ; ſouffrez que votre Fils épouſe ma Sœur , & que tout mon bien lui ſerve de dot.

LA MARQUISE.

Ah ! Colin , quelle vengeance ! & combien vous êtes au-deſſus de moi !

COLIN.

Vous vous trompez , puiſque c'eſt vous qui êtes malheureuſe.

LE MARQUIS.

Eh ! ma Mere , dites donc bien vîte que vous me donnez à Colette.

LA MARQUISE.

Hélas ! mes Enfans , c'eſt moi qui me donne à vous ; mais comment pourrai-je jamais réparer.....

COLETTE.

Ah! ma Mere, si vous saviez combien je vous dois, pour le plaisir de vous appeller ma Mere.

COLIN.

J'ai ici de quoi vous acquitter avec vos créanciers. Nous donnerons à ta Mere, mon cher Jeannot, ton patrimoine d'Auvergne ; la dot de ta femme restera dans mon commerce, que je ne ferai plus que pour vous deux. (*A la Marquise.*) Approuvez-vous ce que je lui propose ?

LA MARQUISE.

Je vous devrai, Colin, bien plus que vous ne pensez ; vous m'avez appris que le bonheur n'est pas dans la vanité, & que la vertu seule vient au secours de l'infortune.

Fin du troisieme & dernier Acte.

APPROBATION.

J'Ai lû par ordre de M le Lieutenant Général de Police, *Jeannot & Colin*, Comédie en trois Actes, & je n'y ai rien trouvé qui m'ait paru devoir en empêcher la Representation & l'Impression. A Paris, ce 2 Novemb. 1780.
SUARD.

Vû l'Approbation, permis d'imprimer. A Paris, ce 13 Novembre 1780. LENOIR.

De l Imprim. de CL. SIMON, Imprimeur, rue des Mathurins 1780.